BEI GRIN MACHT SICH IHR WISSEN BEZAHLT

- Wir veröffentlichen Ihre Hausarbeit, Bachelor- und Masterarbeit

- Ihr eigenes eBook und Buch - weltweit in allen wichtigen Shops

- Verdienen Sie an jedem Verkauf

Jetzt bei www.GRIN.com hochladen und kostenlos publizieren

Bibliografische Information der Deutschen Nationalbibliothek:

Die Deutsche Bibliothek verzeichnet diese Publikation in der Deutschen Nationalbibliografie; detaillierte bibliografische Daten sind im Internet über http://dnb.d-nb.de/ abrufbar.

Dieses Werk sowie alle darin enthaltenen einzelnen Beiträge und Abbildungen sind urheberrechtlich geschützt. Jede Verwertung, die nicht ausdrücklich vom Urheberrechtsschutz zugelassen ist, bedarf der vorherigen Zustimmung des Verlages. Das gilt insbesondere für Vervielfältigungen, Bearbeitungen, Übersetzungen, Mikroverfilmungen, Auswertungen durch Datenbanken und für die Einspeicherung und Verarbeitung in elektronische Systeme. Alle Rechte, auch die des auszugsweisen Nachdrucks, der fotomechanischen Wiedergabe (einschließlich Mikrokopie) sowie der Auswertung durch Datenbanken oder ähnliche Einrichtungen, vorbehalten.

Impressum:

Copyright © 2014 GRIN Verlag
Druck und Bindung: Books on Demand GmbH, Norderstedt Germany
ISBN: 9783668715509

Dieses Buch bei GRIN:

https://www.grin.com/document/427284

Engin Özdemir

Das Leben zwischen zwei Kulturen der muslimischen Migrantinnen und Migranten in Deutschland

GRIN Verlag

GRIN - Your knowledge has value

Der GRIN Verlag publiziert seit 1998 wissenschaftliche Arbeiten von Studenten, Hochschullehrern und anderen Akademikern als eBook und gedrucktes Buch. Die Verlagswebsite www.grin.com ist die ideale Plattform zur Veröffentlichung von Hausarbeiten, Abschlussarbeiten, wissenschaftlichen Aufsätzen, Dissertationen und Fachbüchern.

Besuchen Sie uns im Internet:

http://www.grin.com/

http://www.facebook.com/grincom

http://www.twitter.com/grin_com

Inhaltverzeichnis

1. Einleitung – Muslime in Deutschland? 1
2. Hybride Identität und ihre Geschichte 2
3. Das Dilemma der Desintegration 3
    3.1. Sozial-strukturelle Ebene 3
    3.2. Institutionellen Ebene 4
    3.3. Personelle Ebene 5
    3.4. Folgen der Desintegration 5
4. Fazit 7
5. Quellenverzeichnis 8
    5.1. Literaturverzeichnis 8
    5.2. Internetquellenverzeichnis 9

1. Einleitung – Muslime in Deutschland?

Der Islam ist heute mit circa über 3,2 Millionen Muslimen die zweitgrößte Religionsgemeinschaft in Deutschland (Vgl. *Stupler-Stegeman, 2002, S.2)*. Seit zwei, drei Generationen gehören die Muslime sichtbar zur deutschen Gesellschaft und bilden eine vielfältige Gruppierung, „die sich untereinander in kulturellen, ethnischen und auch religiösen Aspekten unterscheidet" (*Buczek, 2009, S.3)*. Fest steht jedoch, dass der Islam viele, extrem unterschiedliche Gesichter hat, teils auch durch große kulturelle Einflüsse geprägt sind. Dieser Diversität und Unterschiedlichkeit liegen hauptsächlich zwei Hauptursachen zugrunde: Erstens kann der Islam insgesamt nicht als eine Einheit betrachtet werden, weil er sich in viele Richtungen, Strömungen und Schulen spaltet. Und zweitens sind Muslime aus unterschiedlichen Ländern nach Deutschland gekommen, vor allem als Gastarbeiter seit den 1960er Jahren (Vgl. *ebd.).*

Vielmehr ist es erstaunlicher, dass die Arbeitermigration seit den 1960er Jahren in Deutschland stattfindet, jedoch man sich die Frage der Integration des Islams in die deutsche Gesellschaft erst relativ spät, vermehrt seit der Mitte der 1990er Jahre, stellte. Auch wird in den letzten Jahren immer wieder heftig diskutiert, ob der Islam überhaupt in die Werte und Normen der westlichen Welt passe. Mit seinem provokanten Titel „Deutschland schafft sich ab" hat *Thilo Sarrazin* öffentlich die Migranten und somit auch den Islam kritisiert und meinte: „Wirtschaftlich brauchen wir die muslimische Migration in Europa nicht" (*Sarrazin*, 2010, S. 67). Doch sind diese kritischen Beschuldigungen gerechtfertigt? Wie schaut es eigentlich mit den Muslimen in Deutschland aus? Wie sieht ihre Gefühlswelt aus? Fühlen die Muslime sich in Deutschland akzeptiert und heimisch?

Mit diesen Fragen wird sich die folgende Arbeit beschäftigen. Im Prozess der Entfremdung in der Gesellschaft, können Menschen, die sich für mehrere kulturelle Räume zugehörig fühlen, stärker als Vermittler agieren. Es geht um *hybride Identitäten*, sowie das Dilemma und die Probleme der Muslime in Deutschland und Europa.

2. Hybride Identität und ihre Geschichte

Der Begriff „Hybridität" hat eine vielfältige Bedeutung. Es gibt Hybridmotoren, hybride Computersysteme, hybride Ästhetik, hybride Organisationen, hybride Kulturen und natürlich auch hybride Identitäten. Doch was ist überhaupt Hybridität? Der Begriff Hybridität ist „ein offensichtlich transdisziplinärer Begriff" (*Hein,* 2009, S. 29), der in unterschiedlichen Gebieten benutzt wird: Es gibt Hybridität im Bereich der Botanik, der Chemie, der Medizin, in den Medien und in den Literaturwissenschaften. Der Ursprung des Begriffs der Hybridität ist auf die Gebiete der Biologie und der Botanik zurückzuführen. Es bezeichnet die „Kreuzungen unterschiedlicher Pflanzen- bzw. Tierarten" (*Foroutan u. Schäfer,* 2009, S. 2). Innerhalb der Sozialwissenschaft wird Hybridität vorwiegend im postmodernen, poststrukturalistischen und postkolonialen Hintergrund diskutiert, wobei diese Begrifflichkeiten mit etwas negativem verbunden sind. Im englischsprachigen Raum ist der Begriff „hybrid identities" in der Wissenschaft eher positiv bewertet. Hybride Identität bedeutet, dass ein Mensch sich für mindestens zwei oder mehreren kulturellen Räumen zugehörig fühlt. Es handelt um Menschen, die zwischen den Kulturen stehen oder einen Seilakt zwischen den verschiedenen Kulturen vollbringen. Sie sind kulturelle Jongleure, Bastelexistenzen und gelten als „Menschen zwischen zwei Stühlen". Sie sind Menschen mit Migrationshintergrund oder aber andere Deutsche.

Auf jeden Fall sind sie Teil der Gesellschaft. Sie gehören dazu. Jeder in der Gesellschaft kennt diese Bevölkerungsgruppe. Träger hybrider Identitäten sind deutsche Staatsangehörige, die häufig andere Namen, Gesichter, Haut- und Haarfarben haben, die sie für Andere erkennbar machen. Der größte Teil hat zusätzlich andere Erfahrungswelten. Auch wenn „ sie keineswegs als unvereinbar mit ihrer deutschen Lebenswelt" (*Foroutan u. Schäfer,* 2009, S. 12) sind, so wird ihnen doch bewusst, dass sie „anders" sind als die Mehrheitsgesellschaft. Jedoch muss dieses Anderssein nicht immer mit einem negativen Aspekt des Ausgrenzungsgefühls verbunden werden. Sie können als Vermittler der Kulturen, für die Überschreitung von Grenzen, für Kommunikation und Interaktion zwischen den Kulturen, agieren. Diese sozialstrukturelle Gruppe hat einen großen Vorteil gegenüber den Personen der Mehrheitsgesellschaft: Sie sind zwischen zwei Kulturen großgeworden, können größtenteils zwei Sprachen und sie können die Situation zwischen zwei Kulturen besser urteilen. Es steht für sie, vor allem im Hinblick auf die Migrationspolitik, ein großes Potential zugeschrieben.

3. Das Dilemma der Desintegration

Integration bedeutet „die Einfügung bzw. Eingliederung in ein Ganzes, aber auch Anpassung oder Angleichung" (*Kushutani*, 2010, S. 2). Die ständige Frage „Bist du Deutscher?" oder auch „aus welchen Land kommst du?", die sicherlich bei den Fragenden auf reines Interesse beruht und keine negativen Aspekte hervorrufen soll, führt bei den Personen mit Migrationshintergrund zu dem Bewusstsein, dass sie anders sind. Vor allem im Bereich des Kindes- und Jugendalters kann diese Abgrenzungserfahrung zu einem sozialen Dilemma zu führen. Das Dilemma der meisten Personen mit Migrationshintergrund in Deutschland will ich hier mal kurz darstellen: In Deutschland werden diese Personen, obwohl sie in Deutschland großgeworden sind und die deutsche Schule besucht haben, als „Deutsche mit Migrationshintergrund", „Türken", „Marokkaner" oder gar als „Ausländer" bezeichnet. Dasselbe Problem der Ausgrenzung oder des Andersseins haben sie in ihrer Heimat auch. So merken die Einheimischen relativ schnell, zum Beispiel in einem Dialog, dass diese Personen nicht aus dem Land stammen. Die Einheimischen merken dies relativ schnell an der Aussprache, an den Klamotten oder gar an dem Aussehen. Man bezeichnet sie so z.B. in der Türkei als „Almanci", was so viel heißt wie „Deutschländer". In diesen Punkt erfahren sie erneut eine Ausgrenzung. Man wird sowohl in der Heimat auch im Aufenthaltsland als anders angesehen. Man lebt, wie man das so schön sagt, zwischen den Kulturen.

Diese Erfahrung der Abgrenzung kann zu Desintegration in Mehrheitsgesellschaft führen. Gesellschaftliche Desintegration von Teilen der deutschen wie der zugewanderten Bevölkerung hat vielfältige Ursachen. Nach *Forouta und. Schäfer* (2009, S.12) findet die Desintegration auf drei Ebenen statt: auf der sozial-strukturellen, institutionellen und personalen Ebene.

3.1. Sozial-strukturelle Ebene

Auf der sozial-strukturellen Ebene sticht die ungleichverteilte Bildungs- und Arbeitschancen der Personen mit Migrationshintergrund ins Auge. Ein wichtiger Punkt „für die Integration in die Gesellschaft ist eine Existenz sichernde Beschäftigung" (*Belwe,* 2009, S.2). Erstere Grundbedingungen, diese zu finden, sind eine solide Bildung und Ausbildung. Doch wie schaut es aus? Haben die Personen mit muslimischen Migrationshintergrund dieselbe Bildungschance wie die der Mehrheitsgesellschaft? Menschen mit Migrationshintergrund sind im Grunde genommen stärker von der Erwerbslosigkeit betroffen. Darüber hinaus haben PISA und andere Studien gezeigt, dass „in Deutschland die soziale Herkunft stärker als in den meisten anderen OECD-Staaten über Bildungschancen entscheidet" (*Foroutan u. Schäfer,*

2009, S. 13). Eine interessante Statistik über die Nachteile am Arbeitsmarkt für Bewerber mit türkischen Namen hat eine Konstanzer Studie belegt. Forscher einer Studiengruppe der Universität Konstanz hatten in einem Feldversuch über 1000 Bewerbungen auf Praktikumsstellen für Wirtschaftsstudenten verschickt. Dazu verwendeten sie fiktive deutsche sowohl türkische Namen mit jedoch inhaltlich gleichwertigen Bewerbungsunterlagen. Dazu hatten diese fiktiven Bewerber nicht nur vergleichbare Qualifikationen und Fähigkeiten, sondern waren dazu ausnahmslos deutsche Staatsbürger. Das Ergebnis: Bewerber mit türkischen Namen erhielten insgesamt 14 Prozent weniger positive Antworten. Im Vergleich dazu, war die Ungleichbehandlung in kleineren Unternehmen sogar noch ausgeprägter. Hier hatten die fiktiven türkischen Bewerber trotz gleicher Voraussetzung wie ihre deutschen Mitbewerber eine um 24 Prozent geringere Chance auf ein Vorstellungsgespräch (Vgl. *Universität Konstanz* 2009). Überproportional häufig sieht man auf Hauptschulen dass diese von Schülerinnen und Schüler mit muslimischen Migrationshintergrund belegt werden. Seit Jahren sind Jugendliche mit Migrationshintergrund „von der angespannten Situation am Ausbildungsmarkt besonders stark betroffen" (*Foroutan u. Schäfer,* 2009, S. 14). So absolvieren nur 25 Prozent der Jugendlichen mit Migrationshintergrund eine duale Ausbildung gegenüber 59 Prozent ihrer deutschen Altersgenossen (Vgl. *Bundesagentur für Arbeit).* Gering Qualifizierte, sowohl Einheimische wie Zugewanderte laufen der Gefahr nach, an den unteren Schicht bzw. an den äußeren Rand der Gesellschaft zu rutschen. Eine auf mehr Chancengleichheit gerichtete Bildungspolitik könnte diese Problematik der Ungleichverteilung lösen. Des Weiteren ist es schwierig ohne ein reguläres Arbeitsverhältnis eine Wohnung zu finden. Nicht nur Migranten, auch einheimische gering Qualifizierte sind auf einem preiswerten Wohnraum angewiesen. Dieser Wohnraum „konzentriert sich in immer weniger Stadtvierteln, in denen es in der Folge zu einer hohen Konzentration von Haushalten mit sozialen Problemlagen kommt" (*Belwe,* 2009, S.2).

3.2. Institutionellen Ebene

Die institutionelle Ebene beschäftigt sich mit dem staatsbürgerschaftlichen Status der zweiten und dritten Einwanderergeneration. Es ist in Deutschland erschwert, vor allem als Angehöriger einer Migrantenfamilie, die deutsche Staatsangehörigkeit zu erhalten. Es werden lästige diplomatische Wege eingeleitet, welche „den Zugang zur kollektiven Identität in Deutschland" (*Foroutan u. Schäfer,* 2009, S. 12) erschweren. Die Anerkennung auf dem Papier und die langen lästigen Behördengänge bringt das Gefühl hervor, ein „Fremder" oder ein „Ausländer" zu sein, welche zu Desintegrationserfahrungen führen kann. Des Weiteren ist es auch ein finanzieller Akt, die deutsche Staatsangehörigkeit zu erhalten, da man für die ganzen diplomatischen Papiere und Gänge sowohl Geld an die deutschen auch an die Behörden aus dem Heimat zahlen muss.

3.3. Personelle Ebene

Auf der personellen Ebene stehen die Kulturkonflikte innerhalb der sozialen Lebenswelt der muslimischen Migranten im Vordergrund. Es wird die Hypothese gestellt, dass sie zwischen zwei Kulturen leben und mit dieser Unentschiedenheit gesellschaftlich defizitäre Merkmale von niedrigem Bildungsniveau bis hin zur Kriminalität erklärt werden sollen. Dem ist entgegenzusetzen, „dass der gefühlte Zwang zur einseitigen kulturellen Verortung insbesondere für muslimische Jugendliche problematisch ist, empfinden sich diese doch selbst als hybrid" (*Foroutan u. Schäfer*, 2009, S. 12). Sie stehen unter doppeltem Entscheidungsdruck. Die daraus entstandenen Probleme für die hiergeborene Generation besteht „ zum einen in der Entfremdung von der Herkunftskultur und im Sinnverlust bzw. Sinnloswerden traditioneller heimatlicher Werte und Normen (*Hämmig*, 2000, S. 34). Zum anderen geraten sie in die Rolle des Außenseiters, indem sie Erfahrungen des Ausgeschlossenseins und der Randständigkeit machen. Rund etwa 25% „der befragten Menschen mit Migrationshintergrund in Deutschland fühlten sich isoliert und ausgegrenzt – insbesondere Angehörige der unterschichtigen Milieus" (*Wippermann u. Blog,* 2009, S. 10). Insbesondere unter muslimischen Migrantinnen und Migranten in Deutschland ist ein gewisses Identifikationsdilemma durch die Nichtanerkennung ihres hybriden Identitätsstatus zu beobachten. Die Problematik liegt auf der einen Seite, dass sie einem äußeren Assimilationsdruck durch die deutsche Mehrheitsgesellschaft ausgesetzt sind. Diesen nachzugehen und z.B. das Kopftuch wegzulassen, garantiert jedoch nicht, dass ihre Identität als „deutsch" anerkannt wird. Auf der anderen Seite fordert die Mehrheitsgesellschaft bzw. die Assimilation von ihnen, dass sie sich von den elterlichen Werten loslösen und damit gehen die traditionellen Werte, familiäre Bindungen und sichere Identitäten verloren (Vgl. *Foroutan u. Schäfer,* 2009, S. 12).

3.4. Folgen der Desintegration

Die Folgen der dargestellten Ebenen der Desintegrationen können Radikalisierung, Islamismus und antiwestliche Diskurse sein. Die Ausgrenzungserfahrung und mangelnde Integrationsleistungen moderner Gesellschaften können „Gegenidentitäten" hervrorufen, die die systemische Struktur Deutschlands oder anderer westlicher Staaten bedroht und gefährdet. Insbesondere finden sich diese ausgegrenzten Gruppierungen zusammen und stellen ihre Identität nach außen her. Problematisch wird es wenn dieser Mechanismus mit der

Konstruktion von Feindbildern einhergeht. Auf diese Art und Weise wird „die Veantwortung für die eigene Desintegrationserfahrung einer bestimmten Gruppe "ethnisch Anderer" – nämlich der deutschen Mehrheitsgesellschaft – zugeschoben" (*Foroutan u. Schäfer,* 2009, S. 13). Besonders gefährlich wäre ein Abdriften der muslimischen Migranten, die keine Anerkennung in Deutschland finden, in Richtung des islamischen Fundamentalismus. Sie spüren und finden neue Kraft und Selbstsicherheit, indem sie in radikal-politische Gruppierungen beitreten und ihre Identität so neu definieren.

Die Desintegrationserfahrung muss nicht immer negativ sein, sondern kann durch die Erfahrung der Ausgrenzung und des „Andersseins" zum Erstarken der Identitätsmuster führen. So ist innerhalb der muslimischen Communities in Deutschland und Europa das Entstehen einer islamischen Neo-Identität zu beobachten, die sich teilweise durch Abgrenzung zum Deutschsein und durch ein ostentatives Bekenntnis zum Islam definiert, ohne jedoch Gewalt auszuüben. Dieser Neo-Islam entspricht keineswegs den traditionellen Lebensformen des Elternhauses. Vielmehr schaffen sich junge Muslime einen neuen Weg. Es definiert und positioniert sich in der Gesellschaft neu, und zwar gegenüber den Elternhaus, sowohl als auch gegenüber den westeuropäischen Mehrheitsgesellschaften. Der Neo-Islam markiert sozusagen den „dritten Weg".

4. Fazit

Hybridität tritt immer dann auf, wenn Kulturen sich überschneiden, besser ausgedrückt wenn also teilweise gegensätzliche Kulturelemente zu neuen gesellschaftlichen Mustern zugefügt werden sollen. Angesichts der wachsenden Zahlen muslimischer Migranten in Deutschland stellt dieses Problem des hybriden Dilemmas eine Wichtigkeit dar, mit der sich die Integrationspolitik beschäftigen sollte. Seit dem 11. September und den anderen Terroranschläge, wie etwa in Madrid, sind die Meinungen über den Islam negativ geprägt. Begrifflichkeiten wie etwa "Parallelgesellschaft", Terrorismus, Hasspredigen, Zwangsehen und Ehrenmord überlagern die Wahrnehmung zum Thema Islam und führen zu ansteigender Angst und negative Haltung gegenüber dieser Religion. Eine Allensbacher Umfrage im Mai 2006 zeigte, dass 82% der Befragten zustimmten, „der Islam sei fanatisch, 62 Prozent betrachteten ihn als rückgewandt, 71 Prozent als intolerant und 60 Prozent als undemokratisch" (*Bielefeldt*, 2008, S.4). In einer solchen politischen Situation ist es wichtig, dass es Vermittler gibt, die die Kommunikationskanäle nach beiden Seiten öffnen oder herstellen können. In diesem Punkt können Träger hybrider Identitäten eine wichtige Rolle im Annäherungsprozess zwischen Europa und den Herkunftsländern der muslimischen Migrantinnen und Migranten, insbesondere den Ländern des südlichen und östlichen Mittelmeerraumes spielen. Sie können „letztendlich auch als "Brückenmenschen" oder Mediatoren auf der internationalen Ebene fungieren" (*Foroutan u. Schäfer*, 2009, S. 17). Im Hinblick auf die Integrationspolitik der muslimischen Migranten sollte dieses Potential hybrider Identitäten genutzt und neue Methoden eingeleitet werden. Nichtdestotrotz sollte man weiterhin im Integrationsprozess auf Bildung setzten. Denn Bildung ist für ihre Integration in unsere Gesellschaft von herausragender Bedeutung - „Bildung durch Integration".

5. Quellenverzeichnis

5.1. Literaturverzeichnis

Belwe, K. (2006): Integration und Desintegration. In Aus Politik und Zeitgeschichte (aPuZ) 40-41/2009, S. 2.

Buczek, A. (2009): Muslime in Deutschland im Spiegel der Religionsgeographie. In: Schriftenreihe der GFPS 04/2009, S. 1-20.

Foroutan, N. u. S. Schäfer (2009): Hybride Identitäten muslimischer Migranten. In: Aus Politik und Zeitgeschichte (aPuZ) 5/2009, S. 11-18.

Hämmig, O. (2000): Zwischen zwei Kulturen - Spannungen, Konflikte und ihre Bewältigung bei der zweiten Ausländergeneration. Opladen: Leske und Budrich.

Hein, K. (2006): Hybride Identitäten - Bastelbiografien im Spannungsverhältnis zwischen Lateinamerika und Europa. Bielefeld: Transcript.

Kushutani, R. (2007): Problemfelder der Integration und Lösungsmöglichkeiten. Norderstedt: GRIN.

Sarrazin, T. (2010): Deutschland schafft sich ab - Wie wir unser Land aufs Spiel setzen. 7. Auflage. München: DVA.

Spuler-Stegemann, U. (2002): Muslime in Deutschland : Informationen und Klärungen. 3. Auflage. Freiburg im Breisgau: Herder-Spektrum.

Wippermann, C. u. B. Bodo-Flaig (2009): Lebenswelten von Migrantinnen und Migranten. In: Aus Politik und Zeitgeschichte (aPuZ) 5/2009, S. 3-11.

5.2. Internetquellenverzeichnis

Bundesagentur für Arbeit, BA startet Sofortprogramm für jugendliche Migranten. Presse Info 058 vom 15.8. 2006, in: www.arbeitsagentur.de/nn_124484/ zentraler-Content/A01-Allgemein-Info/A011-Presse/Presse/2006/Presse-06-058.html.

Bielefeld, H., Das Islambild in Deutschland. Zum öffentlichen Umgang mit der Angst vor dem Islam, Deutsches Institut für Menschenrechte, Berlin 2008; Rainer Dollase, Islambilder in der multikulturellen Bevölkerung. Eine empirische Untersuchung von Islambildern zur Bestimmung der Möglichkeitsbedingungen religiöser Integration und/oder der Mobilisierbarkeit rechtsextremer Orientierung, in: www.uni-bielefeld.de/ikg/projekt_islambilder.htm

Universität Konstanz, In Teufelskreis der Diskriminierung, Presseinformation Nr. 30 vom 9. Februar 2010, in: http://www.aktuelles.uni-konstanz.de/presseinformationen/2010/30.

BEI GRIN MACHT SICH IHR WISSEN BEZAHLT

- Wir veröffentlichen Ihre Hausarbeit, Bachelor- und Masterarbeit

- Ihr eigenes eBook und Buch - weltweit in allen wichtigen Shops

- Verdienen Sie an jedem Verkauf

Jetzt bei www.GRIN.com hochladen und kostenlos publizieren